Productiviteit
crash course

Productiviteit
crash course

Jasmin Hajro

Jasmin Hajro

© 2020 Jasmin Hajro

Omslagontwerp door

Jasmin Hajro

Eerste druk 2020

In deze spoedcursus
leer je wat acties waarmee je
productiever wordt
en meer bereikt in je leven.

De bio van ondernemer & auteur Jasmin Hajro, even kennis maken

Hallo beste lezer,

hoe gaat het ?

Bedankt voor kopen van een van mijn boeken.

Mijn naam is Jasmin Hajro, ik ben geboren op 6 juli 1985 in Bosnie.
Als vluchtelingen kwamen we naar Nederland, 21 jaar geleden.
Na school te hebben doorlopen & verscheidene banen...

Heb ik op 17 december 2012, mijn eerste onderneming opgericht: beleggingsbedrijf Jasko.
Na een succesvol eerste jaar, heb ik helaas de onderneming moeten sluiten.
Na een korte periode van rust, ww en tijdelijk werk. Begon ik weer als ondernemer.

Op 1 september 2015, heb ik onderneming Hajro opgericht.
Sinds het begin is de kernactiviteit, het verkopen van setjes

wenskaarten, deur tot deur.

Tegenwoordig is het assortiment uitgebreid.

Met o.a. de verkoop van mijn boeken ,waaronder :

Bouw jouw fortuin,

Moneymaker,

Recept voor Geluk,

de Reddingsboei voor banken : "loyaal bankieren"

Deel v/d royalties van mijn boeken worden gedoneerd
aan het Goede Doel : stichting Giveth Life.

Mijn onderneming is tegenwoordig Hajro bv,
verkoopt wenskaarten die ik zelf ontwerp,
cadeaugeschenken,
en boeken die ik zelf schrijf.
We doneren aan 15 goede doelen.

Voor meer informatie over mijn onderneming &
de stichting, ga naar www.hajro.eu

of www.hajro.be

Mijn boeken kun je vinden op

www.lulu.com/spotlight/jasminhajro

Maar ook bij bol.com

Dit boek bestaat uit 3 delen

de whitepaper over productiviteit

en het boekje :

de Ultieme Winnende Strategie, voor ondernemers

die ook voor verkopers is

maar waarschijnlijk kunnen zelfs mensen in loondienst er wat aan hebben…

En daarna boek Bouw jouw fortuin

zodat je een vermogen opbouwt.

''Succesfull people have succes thoughts &
success habits''

Het 2de is belangrijker...
de ''success habits''

Van alleen denken krijg je niks
je moet actie ondernemen

Misschien denk je nou...
boek the Secret zegt iets anders..

dat zal...

maar ik schrijf uit mijn ervaring
en ik weet daarom dat je van denken alleen
niks krijgt
geen resultaat
je moet erna altijd actie ondernemen.

Gewoontes zijn dagelijkse acties die je doet,
zonder erna over te hoeven nadenken.

Dus de gewoonte van gaan werken,
levert je geld op...

De gewoonte van gaan sporten,

levert je vitaliteit op…

De gewoonte van geld sparen,

levert je geld op

en rust in je hoofd.

Je kan er ook vanuit gedrag komen…

in de juiste mindset…

Dus je voelt je een beetje down…

beetje negatief,

maar je trekt je sportschoenen aan…..gaat lopen..

daarna hardlopen

en je voelt je geweldig na je workout.

Je kwam in een goede mindset door gedrag…

Als het je gewoonte is om normaal te werken

40 uur per week,

krijg je een gemiddeld of minimumloon

Als het je gewoonte is om de helft van die tijd te werken,

20 uur per week,

krijg je de helft betaald…

Als het je gewoonte is om meer te werken

meer dan 40 uur per week
dan zul je bovengemiddeld verdienen
dan krijg je dus meer…

Ik heb van zondag 20 september 2020
tot en met zaterdag 3 oktober 2020
ieder dag lopen verkopen…
ik verkoop sets wenskaarten
in een set zitten er 5 stuks in plus enveloppen
E 5,- euro per set
Ik liep iedere dag

2 weken achter elkaar
iedere dag
ik had er in totaal 53 sets verkocht..
dat is E 265,-

Maar….

Het gaat niet om dat bedrag…

dit boekje gaat niet over bedragen…

het gaat om dat gedrag
iedere dag hetzelfde gedrag herhalen

waarom ?

Om een succesgewoonte te vormen…

Want
''succesfull people have succes habits''

Jij begrijpen ?

Het is erg moeilijk om nieuwe gewoontes te vormen
en oude gewoontes te stoppen
of te vervangen met nieuwe en betere gewoontes…

Hoe kun je het dan toch doen ?

Belangrijke vraag…

Ik stort mijn verdienste bij de bank op de rekening
daarvan gaat dagelijks E 1,- naar de spaarrekening
dat gaat automatisch..

Nog een succesgewoonte…

Manis — ni+gemaakt →

	1	2	3	4	5	6	7	8	9	10	11	12	13	14	15	16	17	18	19	20	21	22	23	24	25	26	27	28	29	30	31
1 pushup																															
1 blz lezen in scholen						X	X	X	X	X	X	X	X																		
1 paragraaf schrijven nieuw boek						X	X	X	X	X	X	X	X																		
schrijven ube goeden						X		X			X	X	X	X																		
goals verinligen							X	X				X	X																			
raam als gewicht blijven									X	X	X	X																			
100 factsten						X					X																					
5 min la leggen											X																					

Dat is mijn schema…

Maak er ook een voor jezelf..
en kies mini gewoontes die je wil vormen

Ik zal het uitleggen

Je brein is erop gericht om energie te besparen,
je moet kunnen zien, horen, voelen,
informatie verwerken, nadenken etc…
Dus soms is een workout van 1 uur te veel..
het maakt weerstand ertegen…
en er komt weinig van je goede voornemen…

Hetzelfde met 1 uur lezen over je vak..

10% van je geld gelijk sparen..

Meer uren werken

etc…

De oplossing voor dat probleem
die weerstand die je geest maakt..
is minigewoontes…

In het begin is het belachelijk...
maar het WERKT

Je kan 1 pushup per dag doen,
zijn er toch 365 pushups per jaar

Je kan vet makkelijk 1,- euro per dag sparen,
en instellen dat het automatisch gaat..

Je kan vet makkelijk 1 of 2 pagina's over je vak lezen

zonder moeite

zonder weerstand

zonder geen zin

zonder geen energie voor

Je kan makkelijk 5 minuten gaan joggen per dag...

Je kan makkelijk een halve bladzijde schrijven per dag voor je
nieuwe boek

Je kan makkelijk 5 minuten doorwerken per dag...

Je kan makkelijk 2 minuten per dag aan je project werken...

En je maakt een schema en checkt ze af

of vinkt ze af…

Als je eenmaal bezig bent doe je gewoon 2 of 3 pushups..

Je leest 2 of 3 bladzijdes…

(je hoeft je niet meer schuldig te voelen omdat je niet leert voor je
vak en werk)

Je spaart 2 of 3 eurotjes per dag

Maar 1 is al genoeg…

Nadat 1 per dag een gewoonte is geworden,
kun je altijd meer doen…

(je hoeft je ook niet meer schuldig te voelen omdat je niet genoeg
sport of spaart)

Je bent al goed bezig met je minigewoontes…
dat zijn je mini succes gewoontes

Mijn spaargeld groeit,
ik ben iets fitter
en voel me niet meer schuldig maar maak vooruitgang
en voel me meer gedisciplineerd
en succesvol..

Als ik het kan,
dan kun jij het ook.

Veel succes met het vormen van jouw mini succes gewoontes.

Ik raad je het boek :

Mini habits

van Stephen Guise

aan

Lees het beluister het audiobook op youtube..

" Trouwens, ik ben mijn eerste bedrijf begonnen in 2012.

Ik heb meer dan 700 sales gemaakt, sinds 1 september 2015 tot nu toe.

Dus ik heb een trackrecord, en weet waar ik over praat. "

" Zoals je vast al begrepen hebt,
verdien ik mijn geld door te verkopen voor mijn eigen bedrijf.
Dat is mijn werk.

De opbrengst van mijn boeken gaat naar het Goede Doel.

Ik schrijf uit ervaring,
ik schrijf om mensen vooruit te helpen. "

De Ultieme Winnende Strategie voor ondernemers

Hoe meten we succes in zaken ?

Met monetaire puntjes, met verdiende euros.

Wat is succesvol ondernemen ?

Succesvol ondernemen =
veel verkopen

We zijn dus succesvol aan het ondernemen,
als we veel verkopen.

Dus succes in ondernemen = veel verkopen
(veel verkopen realiseren / veel sales closen)

Want sales (verkoop) levert winst op.

Wat is nou de Ultieme Winnende Strategie ?

Eerst beginnen we met het concept,
daarna krijg je 2 voorbeelden uit de praktijk.

Heb je wel's opgemerkt dat supermarkten 7 dagen per week open
zijn ?

Supermarkten zijn misschien een minder goed voorbeeld,
omdat we nou eenmaal moeten eten en drinken.

Ben je wel's bij de Esso benzinepop geweest ?

De Esso benzinepop heeft een winkeltje met personeel,
en is 24 uur per dag, 7 dagen per week geopend.

En nee, ook al lijkt het dat we benzine nodig hebben,
de Esso had ook een zelfbedieningspop kunnen worden,
waar je zelf tankt en met pin afrekent.

Maar de Esso heeft een winkeltje met een winkelbediende.

Wat doen de supermarkten iedere dag ?

Ze maken sales, en winst
Iedere dag.

Wat doet de Esso iedere dag en nacht ?

De Esso maakt sales dag en nacht,
iedere dag.
Dus maakt de Esso winst,
iedere dag en nacht

De supermarkten en de Esso zijn succesvol
omdat ze iedere dag verkopen realiseren
en dus iedere dag winst maken.

<u>De Ultieme Winnende Strategie voor ondernemers</u>
<u>is</u>
<u> iedere dag winst maken.</u>

Iedere dag van het jaar winst maken.

Dat doe je door iedere dag te verkopen,
en dagelijks sales te closen.

Jouw voorsprong op je concurrentie

Als je iedere dag verkoopt & iedere dag winst maakt,
heb je dan een voorsprong op ondernemingen
die alleen maar 5 dagen per week winst maken ??

<u>Praktijkvoorbeeld 1</u>

Ik heb van maandag 18 september 2017 tot en met
woensdag 27 september 2017,
10 dagen achter elkaar lopen verkopen,
en 22 sales in totaal gemaakt.

Dus iedere dag sales gemaakt & iedere dag winst gemaakt.

Dat is de Ultieme Winnende Strategie voor ondernemers in actie.
(in de praktijk van ondernemen)

Nou als we eerlijk zijn,
dan weten we wel dat de transactiewaarde
van sets wenskaarten bescheiden is.
En dus ook de winst per sale.

Maar verkijk je niet op die cijfers...
Je krijgt straks een praktijkvoorbeeld van iemand die 1 miljoen
maakte.

Het gaat erom dat jij het succesvolle Concept
van de Ultieme Winnende Strategie voor ondernemers begrijpt
en dat je ziet bewezen dat het werkt.

Dat concept begrijp je nou,
je hebt enkele voorbeelden van ondernemingen gezien
die de Ultieme Winnende Strategie toepassen.
Je hebt een praktijvoorbeeld gezien
van mij.

En je weet dus 100% zeker dat de Ultieme Winnende Strategie
werkt.

Mensen hebben wenskaarten niet nodig
zoals eten en drinken,
maar ze kochten iedere dag
en ik maakte iedere dag winst.

Dus het maakt niet uit wat voor product of dienst jij verkoopt.

De Ultieme Winnende Strategie werkt ook voor jou.

Stap verder

Jij begrijpt nou de Ultieme Winnende Strategie voor
ondernemers,
je weet dat het werkt.

Dus nou ga je het doen.

Je gaat het implementeren.

Ik vraag je niet om 7 dagen per week te werken,
al zou je het wel een keer moeten doen.

Jij kan verkopen van maandag tot en met vrijdag &
iemand in dienst nemen die verkoopt voor jou
van zaterdag tot en met maandag (een parttimer)

En dan heb je al iedere dag sales & iedere dag winst.

Als ik het alleen kan,
dan kan jij het zeker met 2 personen !

Zijn er nog meer manieren waarop je iedere dag sales
kunt maken & iedere dag winst ?

Bedenk en vind 20 manieren,
waarmee je iedere dag sales maakt

en dus iedere dag winst maakt.

Schrijf ze op

1 Een verkoper aannemen
2 Een team van verkopers creeren
3
4
5
6
7
8
9
10
11
12
13
14
15
16
17
18
19
20

Praktijkvoorbeeld 2

Ga naar www.youtube.nl en bekijk het filmpje van Walter
Bergeron,
GKIC marketer of the year.

Het fimpje duurt ongeveer een half uurtje.

Let goed op als ie zegt : that means also on saturdays and
sundays.

(dat ie 7 dagen per week aan het verkopen was en
iedere dag winst maakte)

Zie je wat de Ultieme Winnende Stratgie voor ondernemers, voor jou kan doen ?

Ga aan het werk,
ga iedere dag verkopen & iedere dag winst maken.

Pas je 20 manieren toe,
geef je sales een boost,
een maak veel winst.
Iedere dag van het jaar.

Ik wens je veel succes.

Met vriendelijke groeten,

Jasmin Hajro

Hajro
Ottawastraat 19
7007 BC
   Doetinchem,
the Netherlands
KvK : 65686306

www.hajrobv.nl
amazon.com/author/jasminhajro

P.S. Als je dit een goed boek vindt, zou je dan zo vriendelijk
willen zijn
om het aan te raden bij mensen die je kent.?
Zodat het hun ook vooruit helpt.
Dank je wel.

Preview boek Bouw Jouw Fortuin

<u>het Betaal jezelf eerst principe</u>

Het betaal jezelf eerst principe.

Het betekent dat wanneer je jouw geld ontvangt,
je eerst jezelf betaalt door bijvoorbeeld een tiende opzij te zetten.

Om het resultaat hiervan te verduidelijken,
maken we een voorbeeld berekening.

Je verdient bijvoorbeeld 3000,- euro per maand.
En je betaalt jezelf eerst,
oftewel : je zet een tiende (10%) van je inkomen opzij.
Dus 300,- euro per maand.

Het jaar heeft 12 maanden,
dus na 1 jaar heb je (12 x 300) = 3600,- euro.
Na 1 jaar heb je een heel maand salaris opzij gezet.

Als je iedere maand een tiende opzij zet,
hoeveel heb je dan na 10 jaar ?

(3600 x 10) = 36000,- euro.
Dus na 10 jaar heb je 36000,- euro
oftewel een heel jaar salaris opzij gezet.

Verderop in dit boek : Bouw jouw Fortuin,
ziet u hoe u dat bedrag dat u maandelijks opzij zet.

Harder kunt laten groeien.

Preview boek Bouw Jouw Fortuin

<u>10 % van alles</u>

Het is belangrijk dat wanneer je eerst jezelf betaalt,
door 10 % opzij te zetten.
Dat je 10 % van alles opzij zet.

Natuurlijk 10 % van je inkomen.

Maar ook 10 % van de fooi als je die krijgt,
ook 10 % van je toeslagen,
ook 10 % van je cadeaugeld,
ook 10 % van je 13de maand,
ook 10 % van je bonus,
ook 10 % van je loonsverhoging,
ook 10 % van je belasting teruggaaf,
ook 10 % van je welkomstpremie.

Vanuit welke hoek of van wie dan ook je geld ontvangt,
het eerste wat je doet is jezelf eerst betalen.
Door een tiende ervan opzij te zetten.

Einde preview

Preview boek Moneymaker

Moneymaker 3.

de bijbel voor ondernemers, geschreven door een ondernemer.
Dus jouw dagelijkse kost.

Nee, het gaat niet over GOD.

Er staat, geschreven door een ondernemer.....

JIJ LEEST ALLEEN MAAR BOEKEN DIE GESCHREVEN
ZIJN DOOR MENSEN DIE EEN EIGEN BEDRIJF HEBBEN !!
Begrijp je dat ?

Zo voorkom je dat je geest voedt met BULLSHIT.
En dat je BULLSHIT gaat modelleren.
Dus bespaar je jezelf tijd en geld.

Ok, dan even over die Ondernemersbijbel.
Het heet No Excuses, the Power of self discipline En is
geschreven door Brian Tracy

En ja die heeft een eigen bedrijf. Anders stond zijn naam hier
Niet.

Het komt toch op zelf discipline neer.
En zelf discipline maakt dat jij je heel erg Goed voelt over jezelf.

Als je gaat sporten bijvoorbeeld, terwijl de meeste mensen tv aan
het kijken zijn.
Als je op zaterdag werkt, terwijl de meeste mensen weekend
houden.

Als je op zondag een stap zet richting het bereiken van je doelen.

Bovenstaande 3 voorbeelden, vereisen zelf discipline van jou.

Maar over 1, 3, 5 jaar waar sta jij dan ?

En waar de meeste mensen ?

Wel's een dag gewerkt met pijn omdat je tanden afgebroken
waren ?
Wel's gewerkt met 2 uurtjes slaap, de nacht ervoor ?
Wel's gewerkt zonder te hebben geslapen, de nacht ervoor ?

Het was vast makkelijker om toen, tv te gaan kijken.....

Maar dan zou ik nou voor jou een Bullshitter zijn,
en niet iemand die je respecteert.

Oh jah, koop de ondernemersbijbel. NU.

Preview boek Moneymaker

Moneymaker 2.

Twee dingen waar je dagelijks je tijd aan MOET besteden

Welke 2 zijn dat ?

Tv kijken en op Facebook zitten ?

Zonder BULLSHIT, dus :

SALES & DIRECT MARKETING

Als je iets verkoopt (sales), dan komt er winst binnen.

Als je goed wordt in (direct marketing), dan komt er winst
binnen.

Met marketing bespaar je jezelf tijd tijdens het verkopen.
Je hoeft tijdens je presentatie niet uit te leggen wie je bent en wat
je onderneming doet.

Hoeveel uur per werkdag besteed Jij aan sales ?

Hoeveel uur per werkdag besteed Jij aan Direct Marketing ?

WAT GEBEURT ER ALS JE ALLEEN MAAR JE TIJD
BESTEEDT AAN SALES & DIRECT MARKETING ??

Heb je dan meer winst en dus meer geld ?

Einde preview

Voor meer info over dit boek van mij, ga naar <u>www.hajrobv.nl</u>

Simpel ?

Zeker, maar je moet het wel even doen,

iedere dag,

totdat je er niet meer over na hoeft te denken,

en je het automatisch gaat doen.

Even wat Geluksingredienten op een rij :

– Kijk iedere dag comedy, minimaal een uur

– Eet ijs, trakteer iemand op een ijsje

– Ga sporten, lekker van je afslaan met tennis of lekker
hardlopen

– Pis in de tuin

(en als je een boete krijgt voor wildplassen, dan lach je je
helemaal stuk)

-        Maak je geen zorgen, het leven is te kort daarvoor
(door bezig te blijven, heb je geen tijd om je zorgen te maken)

-        Knuffel mensen waar je van houdt

-        Ga gezellig een kopje koffie drinken

-        Neem een kat of een ander huisdier

-        Als je geld ontvangt, spaar gelijk een deel ervan

Einde preview

<u>Preview 4, Kleine introductie met oprichting Hajro</u>

Hajro zet zich in voor de mensen in provincie Gelderland,
door mensen aan het werk te houden,
door te doneren aan Goede Doelen,
en door jou te helpen om rijker te leven.

Tegenwoordig is Hajro
een dochteronderneming van Hajro Groep.

De Hajro Groep bestaat uit 20 verschillende ondernemingen,
die allemaal deel uit maken
van 1 overkoepelende organisatie.

We hebben nou verschillende producten & diensten,
en we steunen meer dan 40 Goede Doelen.

Bezoek ons op www.hajrobv.nl

en ontdek wat we nog meer voor jou kunnen betekenen.

De previews kon je als Bonus gratis lezen.

Zo weet je beter waar mijn boeken over gaan,
en welke ervan een goede keuze is voor jou.

boek Hoe je met simpele stapjes jouw eigen
Fortuin opbouwt

In dit boek ontdek je :

- **Er is genoeg geld op de wereld**

- **het Pay yourself first principe**

- **10 % van alles**

- **het Geheim van succes**

- **Trend (die belangrijk is voor jou)**

- **Voorbereiding**

- **Systematisch opbouwen**

— **Jouw resultaat na 10 jaar**

- **het 2de geheim van succes**

Het Goede Nieuws

Geld blijft binnenstromen bij jou.
Geld blijft binnenstromen.
Geld blijft circuleren.
Geld heeft dit honderden jaren gedaan.
Geld zal dit honderden jaren blijven doen.

Sinds jij voor het eerst zakgeld kreeg,
sinds jij voor je eerste bijbaantje betaald
kreeg.
Sinds je studiefinanciering begon binnen te
komen,
sinds jouw baan maandelijks je salaris begon
te betalen.
Sinds jouw bedrijf winstgevend werd.

Geld bleef iedere maand bij jou binnen
komen.

Zelfs bij mensen met een bijstand of ww
uitkering.
Gelukkig.
Gelukkig blijft geld regelmatig binnen
komen.

Er is genoeg geld op de wereld.
Mocht het nodig zijn, dan wordt er meer geld
bijgemaakt.

de **Pay Yourself First regel**

De betaal jezelf eerst regel.
Het betekent dat wanneer je jouw geld
ontvangt,
je eerst jezelf betaalt
door bijvoorbeeld een tiende opzij te
zetten.

Om het resultaat hiervan te verduidelijken,
maken we een voorbeeld berekening.

Je verdient bijvoorbeeld 3000,- euro per
maand.
En je betaalt jezelf eerst,
oftewel : je zet een tiende (10%) van je
inkomen opzij.
Dus 300,- euro per maand.

Het jaar heeft 12 maanden,
dus na 1 jaar heb je (12 x 300) = 3600,-
euro.
Na 1 jaar heb je een heel maand salaris
opzij gezet.

Als je iedere maand een tiende opzij zet,
hoeveel heb dan na 10 jaar ?
(3600 x 10) = 36000,- euro.
Dus na 10 jaar heb je 36000,- euro
oftewel een heel jaar salaris opzij gezet.

Verderop in dit boekje,
ziet u hoe u dat bedrag dat u maandelijks
opzij zet.
Harder kunt laten groeien.

10 % van alles

Het is belangrijk dat wanneer je eerst
jezelf betaalt,
door 10 % opzij te zetten.
Dat je 10 % van alles opzij zet.

Natuurlijk 10 % van je inkomen.

Maar ook 10 % van de fooi als je die krijgt,
ook 10 % van je toeslagen,
ook 10 % van je cadeaugeld,
ook 10 % van je 13de maand,
ook 10 % van je bonus,
ook 10 % van je loonsverhoging,
ook 10 % van je belasting teruggaaf,
ook 10 % van je welkomst premie.

Vanuit welke hoek of van wie dan ook je geld
ontvangt,

het eerste wat je doet is jezelf eerst
betalen.

Door een tiende ervan opzij te zetten.

het Geheim van succes

Het geheim van succes is DOORZETTEN.

Als het 20 jaar duurt,
voor jij miljonair bent.
Als dat betekent dat je 20 jaar,
ervoor moet werken en sparen & investeren.

Dan moet je wel 20 jaar DOORZETTEN met
werken en sparen & investeren.

En niet na 5 jaar ermee stoppen....

DOORZETTEN tot dat jij jouw doel bereikt.

Het 2de geheim van succes is :

WAT JE MET JE TIJD DOET

Dus Niet uren tv gaan kijken,

maar geld gaan verdienen

&

omgaan met mensen die veel geld verdienen.

Zodat je van hun leert om nog meer geld te
verdienen.

Dat geld laat je dan hard voor jou werken,

volgens dit systeem, dat je aan het leren
bent.

De persoon die jou rijk gaat maken,
degene die jouw Eigen Fortuin gaat opbouwen,
ben JIJ.

Zorg daarom goed voor jezelf.

Zodat je lang kunt doorgaan en doorzetten,
totdat jij jouw doel bereikt.

Trend

Omdat mensen tegenwoordig langer leven,
hebben ze voor langere tijd geld nodig.

Veel mensen bouwen inkomen op voor later,
met dividend uitkerende &
rente uitkerende beleggingen.

Hierdoor zal de waarde van deze beleggingen,
in de loop der tijd stijgen.

Het deel van je geld
dat je gaat beleggen,
wordt dus meer waard.

Obligaties in het kort

Als je een obligatie koopt,
leen je in feite geld aan een bedrijf of
overheid.
Je krijgt hiervoor rente,
die jaarlijks wordt uitgekeerd.

Een obligatie kost meestal rond de duizend
euro.
Sommige obligaties hebben een bepaalde loop
tijd,
bijvoorbeeld 10 jaar.
Als deze obligatie 5 % rente geeft,
met een loop tijd van 10 jaar.
En je koopt deze obligatie.

Dan krijg je de aankomende 10 jaar,
ieder jaar 50,- euro aan rente.
Na die 10 jaar, krijg je je inleg,
die duizend euro terug.

Bij sommige obligaties staat geen jaartal.
Er staat een p bij, de afkorting voor
Perpetual,
wat eeuwigdurend betekent.
Deze perpetual obligaties keren jaarlijks
rente uit.
Zolang de organisatie die ze uitgeeft,
blijft bestaan.
Dat kan honderden jaren zijn.

Je koopt een keer een obligatie,
en krijgt ieder jaar 50 euro aan rente,
de aankomende 50 jaar.
Zonder dat je er iets voor hoeft te doen !

Dat is beter he ?

Voorbereiding

Voor jij begint met het opbouwen van je
Eigen Fortuin,
moeten we de voorbereiding eerst doen.
De voorbereiding bestaat uit 3 dingen.

1. Laat jouw testament opmaken
door een notaris.

Dit is niet leuk, maar wel belangrijk.
Zodat als je er niet meer bent,
er geen onduidelijkheden of misverstanden
zijn.
Over wat je na laat en aan wie.

2. Zorg dat je goed
verzekerd bent.

Sluit de verzekeringen die je nodig hebt,
en nodig denkt te hebben af.
Zoals een overlijdensrisicoverzekering en
een uitvaart verzekering.
Zodat als je er niet meer bent,
jouw nabestaanden niet worden opgescheept
met die kosten.
En nog dingen moeten regelen.
Maar dat alles nu al, goed geregeld is.
Probeer al je verzekeringen bij 1 of 2
aanbieders onder te brengen, zodat je
korting krijgt op je verzekeringenpakket.

3. Open de volgende 3
rekeningen :

Een spaar rekening,
een deposito rekening,
een beleggingsrekening.

Systematisch opbouwen

Op die 3 rekeningen ga je systematisch,
je Eigen Fortuin opbouwen.
Met het bedrag dat je van je inkomen,
iedere maand opzij zet.

Als je zoals in ons voorbeeld,
per maand 300,- opzij zet.
Dan verdeel je die 300,- euro ,
over je 3 rekeningen.
1/3 Sparen, dus je zet 100,- euro op je
spaar rekening.
1/3 Deposito, dus je zet 100,- euro op je
deposito rekening.
1/3 Beleggen, dus je zet 100,- euro op je
beleggingsrekening.

Op je beleggingsrekening beleg je de helft
in een dividend uitkerend aandelen
beleggingsfonds.
En de andere helft beleg je in een rente
uitkerend obligatie beleggingsfonds.

Bijvoorbeeld :

50,-euro,   NN Utilities Fund Dis
50,-euro,   Triodos Sustainable Bond Fund

Je kunt dit dan het hele jaar zo laten
staan.
Zonder ernaar te hoeven omkijken.

Na dat jaar, ontvang je rente op je spaar
rekening.
En rente op je deposito rekening.
En dividend & rente op je
beleggingsrekening.

Dit geld werkt nou voor jou.
Zo laat je het groeien.
Je krijgt ook in de loop der jaren,
het rente op rente effect.
Waardoor het sneller groeit.

Iedere maand

Volgende maand betaal je jezelf eerst,
door een tiende van je inkomen,
opzij te zetten.

Dit bedrag van 300,- euro verdeel je weer
over je 3 rekeningen. 1/3 Sparen, dus 100,-
euro naar je spaar rekening.
1/3 Deposito, dus 100,- euro naar je
deposito rekening.
1/3 Beleggen, dus 100,- euro naar je
beleggingsrekening.

Op je beleggingsrekening beleg je de helft
in een dividend uitkerend vastgoed
beleggingsfonds.
De andere helft beleg je in een rente
uitkerend obligatie beleggingsfonds.

Bijvoorbeeld :
50,- euro, BNP High Income Property Fund
50,- euro, NN Global Obligatie Fonds

In totaal heb je nou :

200,- euro op je Spaar rekening
200,- euro op je Deposito rekening
200,- euro op je Beleggingsrekening
Het bedrag op je beleggingsrekening is
gelijk verdeeld over 4 beleggingsfondsen.

Dit betekent voor jou,
dat je jaarlijks rente ontvangt op je spaar
rekening.
En dat je jaarlijks rente ontvangt op je
deposito rekening.
En dat je jaarlijks dividend &
rente ontvangt op je beleggingsrekening.

De volgende maand doe je weer dezelfde 3 stapjes

Stap 1 : Van je inkomen zet je een tiende (10 %) opzij.

Stap 2 : Dat een tiende, in ons voorbeeld die 300,- euro   verdeel je over jouw 3 rekeningen.
Een derde op je spaar rekening.
Een derde op je depositorekening.
En een derde op je beleggingsrekening.

Stap 3 : Het bedrag op je beleggingsrekening,
deel je in twee.
De ene helft beleg je in een dividend uitkerend
aandelen beleggingsfonds
of
een dividend uitkerend vastgoed beleggingsfonds.
De andere helft beleg je in een rente uitkerend obligatie beleggingsfonds.

De maand erna doe je weer dezelfde 3 stapjes.

Daarna doe je iedere maand dezelfde 3 stapjes.

Waarom niet alles beleggen ?

Het is belangrijk dat jij,
je houdt aan de beschreven verdeling.
Met deze verdeling loop je alleen risico
over een derde van je geld.

Door dat deel waar je risico over loopt,
goed te spreiden.
Verminder je het risico.

Beleggingsfondsen zijn ook al gespreid in
zich zelf.
Een beleggingsfonds is zelf belegd in 50,
100 of meer bedrijven.

Het bedrag waarmee je maandelijks eerst
jezelf betaalt,
oftewel wat je opzij zet.
Verdeel je altijd over je 3 rekeningen
zoals hieronder :

1/3 sparen
1/3 deposito
1/3 beleggen

Het is verstandig om je beleggingen in
beleggingsfondsen
ook te spreiden per categorie,
zoals hieronder :

1/3 aandelen beleggingsfondsen
1/3 obligaties beleggingsfondsen
1/3 vastgoed beleggingsfondsen

Kies voor beleggingsfondsen die dividend of
rente uitkeren.

Verschillend

Het kan zo zijn,
dat je spaar rekening de rente per maand
uitkeert.
Of per jaar.
Dat verschilt per bank en spaar rekening.

Het kan zo zijn, dat je beleggingsfondsen
het dividend per kwartaal uitkeren.
Of per jaar.
Dat verschilt per beleggingsfonds.

Als je bij de Rabobank een deposito rekening
opent,
het zogenoemde Doelsparen.
Dan kun je zelf bepalen,
hoe vaak je er geld in zet,
en hoeveel.
Dat is een erg handige deposito rekening.

Het kan zo zijn dat andere banken,
een minimum inleg vragen voor een deposito
rekening.
Bijvoorbeeld 500,- euro.

Als de bank waar jij je deposito rekening
opent,
een minimum inleg vereist.
Dan kun je dat maandelijks opsparen,
totdat je genoeg hebt om het in een deposito
vast te zetten.

In ons voorbeeld,
heb je na 5 maanden (5 x 100,-) = 500,-

euro,
genoeg opgespaard.
Je voldoet aan de minimum inleg.
En je kunt 500,- euro in je deposito vast
zetten,
voor bijvoorbeeld 10 jaar.

Na 1 jaar

Na 1 jaartje heb je in totaal 3600,- euro
opzij gezet.
(12 maanden x 300,- = 3600,- euro)

Maandelijks heb je de 3 stapjes gedaan.

Nou heb je :

1/3 van 3600,- is 1200,- euro en dat zit op
je spaar rekening.
1/3 van 3600,- is 1200,- euro en dat zit op
je deposito rekening.
1/3 van 3600,- is 1200,- euro en dat zit op
je beleggingsrekening.

Op je beleggingsrekening heb je gespreid per
categorie,
dus :

1/3 van 1200,- is 400,- euro en dat zit in
aandelen beleggingsfondsen.
1/3 van 1200,- is 400,- euro en dat zit in
obligatie beleggingsfondsen.
1/3 van 1200,- is 400,- en dat zit in
vastgoed beleggingsfondsen.

Je hebt belegd in dividend uitkerende en
rente uitkerende beleggingsfondsen.

Dus op je beleggingsrekening ontvang je
rente en dividend.
Op je deposito rekening ontvang je rente.
En op je spaar rekening ontvang je ook
rente.

Stap 4 en 5

Stap 4 : Als je 1200,- euro in
beleggingsfondsen hebt staan,
verkoop je 1100,- ervan.

In ons voorbeeld, heb je ieder
jaar 1200,- euro in
beleggingsfondsen belegd.

Dus ieder jaar verkoop je
1100,- euro
uit je beleggingsfondsen.

Zodat je 1100,- euro cash hebt,
op je beleggingsrekening.

Stap 5 : Met die 1100,- euro cash op je
beleggingsrekening,   koop je 1
individuele obligatie.

Een obligatie die een hoge rente
aan je uitkeert,   en een lange
loop tijd heeft.

Of een perpetual obligatie die
een hoge rente   aan je uitkeert.

Na 10 jaar

Als je de beschreven stapjes doet,
iedere maand en ieder jaar.
De aankomende 10 jaar.

Dan heb je :

1200,- x 10 jaar = 12000,- euro op je spaar
rekening.
1200,- x 10 jaar = 12000,- euro op je
deposito rekening(en)
1200,- x 10 jaar = 12000,- euro op je
beleggingsrekening

Iedere keer als je 1200,- euro in
beleggingsfondsen had,
heb je 1100, euro daarvan verkocht.
En daar 1 obligatie van gekocht.
Dus na 10 jaar heb je 10 obligaties.

Als je perpetual (eeuwigdurende) obligaties,
die 10 % rente per jaar uitkeren,
hebt gekocht.
Ontvang je (10 x 100,-) = 1000,- euro aan
rente per jaar.

Nou kun je 2 obligaties per jaar bijkopen.
Van wat je opzij zet op je
beleggingsrekening
& van de rente opbrengst van je obligaties.

Hierdoor wordt je jaarlijkse totale
opbrengst,
steeds groter.

Steeds grotere totale opbrengst per jaar voor jou

In de loop der tijd wordt je totale
opbrengst per jaar,
aan rente & dividend steeds groter.
Hierdoor kun je steeds meer obligaties per
jaar bijkopen.
En daardoor wordt je totale opbrengst per
jaar nog groter.

Bijvoorbeeld na vele jaren :

Je hebt 10 perpetual obligaties die 10 %
rente uitkeren,
je ontvangt per jaar 1000,- euro aan rente.
En je hebt 100 obligaties die een loop tijd
van 20 jaar hebben,
en die 8 % rente uitkeren.
Je ontvangt per jaar 8000,- euro aan rente.

Plus de rente die je ontvangt op je spaar
rekening
& plus de rente die je ontvangt op je
deposito rekening(en)

In totaal is je jaarlijkse opbrengst meer
dan tien duizend euro.

En daarmee kun je nog meer obligaties
bijkopen,
zodat je totale jaarlijkse opbrengst nog
groter wordt.

Hoe nu verder ?

Als je dit boekje begrijpt,
en je begrijpt alle stapjes die je moet
doen.
Als je alles zelf gaat doen,
dan is dat prima.

Ga aan de slag.

Begin met het opbouwen van jouw Eigen
Fortuin.

Als je vindt dat je wel wat hulp kunt
gebruiken,
kun je dat vragen aan iemand.
Je kunt het aan je adviseur bij de bank
vragen.
Of je zoekt een onafhankelijk adviseur.
Dan ga je samen jouw Eigen Fortuin opbuwen.

———————————

Leg dit boek op een plaats,
zodat je het iedere dag ziet.
Zodat het je herinnert aan jouw doel :

jouw Eigen Fortuin opbouwen.

En zodat het je herinnert aan de stapjes die
je iedere maand & ieder jaar moet doen.

Bedankt voor het kopen van dit boek

&

succes met het opbouwen van

jouw Eigen Fortuin

Dit boek is geschreven in simpele taal,
zodat iedereen het kan begrijpen.
En de beschreven stapjes makkelijk kan doen.

Dit boek leert je om systematisch,
met simpele stapjes,
jouw Eigen Fortuin op te bouwen.

''Hoe je met simpele stapjes jouw Jouw
Eigen Fortuin opbouwt

is het resultaat van

jarenlange zelfstudie en

praktische ervaring ''

Jasmin Hajro,

de auteur van dit boek &

het boek Moneymaker,

is beleggingsexpert & serie ondernemer.

Voor meer informatie, ga naar :

www.hajrobv.nl

boek Recept voor Geluk

Het Recept voor Geluk

Er is een boek geschreven over een waar gebeurd verhaal...
Een man die in een concentratiekamp zat ten tijde van Hitler,
en gelukkig was.

Dus,
geluk heeft Niks te maken met jouw omstandigheden.

Het heeft alles te maken met,
jouw keuze om gelukkig te zijn,
ongeacht omstandigheden.

Kies ervoor om gelukkig te zijn.

Natuurlijk zijn er mindere periodes in het leven,
zoals wanneer iemand waar je van houdt,
overlijdt.
Dat hoort bij het leven.
En periodes van verdriet met je gewoon verwerken.

Verwerken doe je het beste door erover te praten,
je hart te luchten, regelmatig.

Door erover te schrijven,

als je een situatie of je gevoelens erover opschrijft,

dan staat het op papier,

en zit het minder in je hoofd.

Schrijven is een goede uitlaatlep.

Verwerken doe je ook goed door :

bezig te blijven.

Of dat nou in je werk of je hobby is.

Ze zeggen : een rollende steen vergaart geen mos.

Dus blijf bezig....

Oke, een goede les geleerd om negatieve ervaringen

beter te verwerken.

Maar je bent hier voor het Recept voor Geluk, toch ?

Nou, de les hiervoor helpt je om het Recept beter voor je te

laten werken.

Hier komt ie dan...

Je leest vast wel 's een lokaal krantje,

en je kijkt vast regelmatig naar het journaal

(het dagelijkse nieuws op tv)

Is je al opgevallen dat het voor 99% Slecht nieuws is ?
Alleen maar ellende..
Als je niet beter wist,
zou je denken dat de hele wereld aan het vergaan is.

Als het voor jou een gewoonte is,
om dagelijks een half uurtje naar het journaal te kijken...

Heb je er wel's bij stil gestaan of dat wel gezond is ?
Word je er gelukkig van ?

Natuurlijk Niet !

Het makkelijkste verander je een gewoonte
door het te vervangen met een nieuwe gewoonte.

Dus vanaf vandaag ga jij
in plaats van dagelijks een half uurtje
naar de wereldellende op het journaal te kijken..........

Een half uurtje per dag naar COMEDY kijken.

Verplicht.

Iedere dag.

Nou is half 8 in de avond geen nieuwstijd,
maar Comedy tijd.

Als je naar comedy kijkt,
ontspan je &
lach je.

Klinkt al gezonder, vind je niet ?

Nou, iedere dag lachen is makkelijk te doen, toch ?

En je oude slechte gewoonte vervangen,
met een leuke, gezonde nieuwe gewoonte,
is ook makkelijker dan je had gedacht.

Behalve dat ontspanning goed voor je is,
maakt wanneer je lacht,
jouw lichaam endorfines aan.

Dat zijn natuurlijke geluksstofjes.

Nou, je hebt na 21 dagen,
een nieuwe gewoonte gevormd.

<u>Dus kijk iedere dag Comedy.</u>

Je kan veel standup comedy op Youtube, gratis kijken.

Simpel ?
Zeker, maar je moet het wel even doen,
iedere dag,
totdat je er niet meer over na hoeft te denken,
en je het automatisch gaat doen.

Even wat Geluksingredienten op een rij :

—   Kijk iedere dag comedy, minimaal een uur

—   Eet ijs, trakteer iemand op een ijsje

—   Ga sporten, lekker van je afslaan met tennis of lekker hardlopen

–   Pis in de tuin

(en als je een boete krijgt voor wildplassen, dan lach je je
helemaal stuk)

–   Maak je geen zorgen, het leven is te kort daarvoor

(door bezig te blijven, heb je geen tijd om je zorgen te maken)

–   Knuffel mensen waar je van houdt

–   Ga gezellig een kopje koffie drinken

–   Neem een kat of een ander huisdier

–   Als je geld ontvangt, spaar gelijk een deel ervan

–   Laat je niet bang maken door de media,
de wereld wordt niet slechter, de wereld wordt steeds beter.

–   Sex, need I say more

(als je sex hebt maak je ook endorfines = geluksstofjes aan)

Misschien is het Recept anders dan je had verwacht,

maar daar gaat het niet om,

het gaat erom dat het werkt &

jou helpt gelukkiger te leven.

Doe het,

het is makkelijker

dan zuur te kijken.

Als je dit een goed boek vindt,
wil je dan zo vriendelijk zijn
om het aan te raden
bij mensen die jij kent.

Zodat ook zij ermee vooruit worden geholpen.

Dank je.

www.ingramcontent.com/pod-product-compliance
Lightning Source LLC
Chambersburg PA
CBHW070409220526
45467CB00001B/510